LK 137/7.

SAINTE REINE D'ALISE,

OU

RÉPONSE AU COLONEL GOUREAU,

PAR M. BREUILLARD,

Curé de Savigny-en-Terre-Plaine, diocèse de Sens (Yonne).

En jetant un coup d'œil sur la feuille d'Avallon (27 juin 1858), j'y avais remarqué ces lignes : « On « sait que l'antique ville d'Alise a donné le jour à une « jeune vierge gauloise, belle et sage, qui fut recher-« chée, puis persécutée, torturée et martyrisée par le « gouverneur Olybrius, pour n'avoir pas voulu consen-« tir à ses criminels désirs. Longtemps après sa mort « on déposa ses restes dans une petite chapelle bâtie à « côté de la fontaine sacrée des Druides, qui prit le nom « de fontaine de Sainte-Reine, du nom de la jeune Gau-« loise. Depuis cette époque on célèbre la fête de sainte « Reine le 7 septembre de chaque année. Autrefois il « s'y rendait un très grand nombre de pèlerins qui « venaient invoquer la sainte, suivre avec dévotion la « procession dans laquelle étaient représentées les di-« verses scènes de sa passion, puis ensuite boire de l'eau « salutaire de la fontaine.

« Maintenant la fête de sainte Reine a perdu tout son « éclat. On ne représente plus le drame de son martyre, « les pèlerins sont en petit nombre, et les eaux de la « fontaine, toujours fraîches et pures, sont dépouillées « de leurs vertus. »

Bien que ces dernières paroles me semblent un petit trait décoché en passant contre quelques-unes de nos croyances, je n'aurais cependant pas songé à relever le gant, puisqu'après tout elles laissaient intacts les faits concernant l'existence et le martyre de cette sainte, si dans la feuille du 4 juillet il ne vous fût arrivé de laisser échapper ces mots : « La légende de sainte Reine paraît « n'être qu'une allégorie du sort de la Gaule. Sainte « Reine est la Gaule belle, honnête, chaste et libre, « convoitée par le peuple romain représenté par Oly- « brius, poursuivie, persécutée, torturée et martyrisée « par ce peuple avide, débauché et féroce. »

Il est vrai, cher colonel, qu'en traçant sur le papier ces dernières lignes, votre main m'avait semblé chanceler, et laissé entrevoir qu'il vous restait un certain doute au fond de l'âme : car dire que la légende de sainte Reine paraît n'être qu'une allégorie ne dénote pas beaucoup d'assurance, et dans la feuille du 15 septembre vous avouez effectivement n'avoir énoncé cette proposition que sous la forme du doute, déclaration qui suffit déjà à elle seule pour anéantir ou du moins paralyser aux yeux des moins clairvoyants l'effet de votre assertion. On sait, en effet, qu'une proposition énoncée sous cette forme n'est guère faite pour convaincre un lecteur qui réfléchit tant soit peu. On m'avait même dit, il y a déjà longtemps, qu'en énonçant cette proposition vous n'aviez eu d'autre intention que de faire un simple rapprochement, sans prétendre ni vouloir aucunement mettre en doute l'existence ni le martyre de notre sainte, et c'est aussi ce que je m'étais efforcé moi-même de faire comprendre à ceux qui soutenaient le contraire; mais aujourd'hui que vous avez, dans les feuilles des 12 et 19 septembre, essayé de justifier votre phrase en tâchant de faire voir qu'elle n'a rien d'antireligieux, et qu'il est permis de la prononcer en sûreté de conscience, comme la feuille du 15 août l'avait annoncé, permettez-moi de vous adresser, par la voie dont vous vous êtes servi, quelques lignes qui serviront à désabuser les personnes qui, ne désirant qu'être affermies contre elles-mêmes, pourraient encore, en s'étayant à tort de l'autorité de vos premières paroles, continuer de croire que la sainte Reine d'Alise, son martyre et son histoire, ne seraient qu'une allégorie du sort de la Gaule. La chose me paraît, d'ailleurs, d'autant plus nécessaire que vous terminez l'article du 19 septembre par ces mots : *Il me semble résulter de tout ce qui précède que sainte Reine a existé*, et le reste : expressions d'autant moins propres à rassurer les consciences religieuses, qu'elles laissent au contraire subsister les craintes que la phrase du 4 juillet avait fait naître. En effet, un homme à profonde conviction ne dit pas « il me semble: » loin de là, son langage est ferme, net et précis; et le vôtre n'a rien de tout cela. Pour nous, cher colonel, nous tâcherons d'être un peu plus explicite, et ne craindrons pas d'être affirmatif. Ces préliminaires posés, je dirai un mot sur l'existence de sainte Reine d'Alise, sur son martyre, sur son culte, sur la pièce d'Osnabruck et ses miracles.

Ce n'est pas que je prétende qu'il ne se soit jamais trouvé à Alise et ses environs quelques-uns de ces esprits soi-disant forts, qui doutent ou affectent de douter des principes les plus autorisés, débitent d'un ton hardi les paradoxes les plus inouïs, sans les prouver ; attaquent les faits les mieux démontrés; se font un devoir de philosopher, de renoncer au sens commun pour n'être pas confondus avec la multitude; mais ces exceptions mises de côté, il n'est pas moins certain que depuis seize cents ans, tant à Alise que dans ses alentours, les populations n'ont jamais cessé d'affirmer ou de raconter que vers l'an 236 de l'ère chrétienne, un païen, connu sous le nom de Clément, eut une fille qui, après avoir embrassé le christianisme à l'insu de son père, fut mise à mort sous l'empire de Dèce. Ces faits, attestés d'âge en âge par les populations passées, les populations actuelles en déposent à leur tour, et tout porte à croire que celles qui leur succéderont en feront autant, et ainsi successivement, jusqu'au jour où notre monde cessera pour faire place à un nouvel ordre de choses. Cependant, et quelque notoires que soient ces faits, j'avouerai franchement que si la tradition orale n'était soutenue de la tradition écrite, on pourrait encore, malgré l'universalité et l'unanimité de la première, rester en suspens, même avec une apparence de raison, puisqu'en effet cette espèce de tradition a été trouvée plus d'une fois fautive, comme il arriva dans le voisinage de Tours, au temps de saint Martin; mais, cher colonel, il n'en est point ainsi pour la sainte Reine d'Alise, car ici la seconde appuie admirablement la première : vous en allez être convaincu. En effet, le martyrologe romain, que je place en tête des témoignages écrits, à cause de la sanction qu'il a reçue du Saint-Siège, en dépose ainsi : « VII des ides de « septembre, au territoire d'Autun, jour natal, en « d'autres termes mort de sainte Reine, vierge et mar- « tyre, qui sous le proconsul Olybrius, après avoir souf- « fert les supplices de la prison, du chevalet et des « torches, fut condamnée à la peine capitale, et s'en alla « vers celui qu'elle avait choisi pour époux. »

Le vénérable Bède, mort en 735, en fait aussi mention en ces termes : « VIII des ides de septembre, jour « natal de sainte Reine, martyre. »

Saint Adon, mort en 875, en dit autant. Ce dernier raconte même, dans la lettre qu'il a mise à la tête du martyrologe qu'il nous a laissé, qu'un religieux lui ayant prêté un vénérable et ancien martyrologe que le Pape avait envoyé à l'évêque d'Aquilée, il le transcrivit pendant qu'il était à Ravenne et s'en servit pour écrire le sien, et Rosweïde affirme que ce martyrologe n'était autre que le Petit-Romain.

La grosse Vie latine et chrétienne in-folio des anciens Pères, corrigée et mise en ordre par les soins et l'industrie du R. Laurent de La Barre, dans laquelle ce savant a reproduit, comme dans un miroir vraiment chrétien, le nom de presque tous ceux qui ont fleuri depuis le temps des apôtres et combattu pour l'Eglise de Jésus-

Christ, en parle aussi dans ces termes, d'après Usuard :
« VII des ides de septembre, dans le territoire d'Autun,
« jour natal de sainte Reine, vierge, qui, après avoir
« souffert sous le consul Olybrius les supplices du che-
« valet, de la prison et des torches, fut enfin condamnée
« à la peine capitale. »

Le martyrologe d'Auxerre, édité par M. de Caylus, en fait aussi mention comme il suit : « 7 de septembre,
« à Alise, dans le territoire d'Autun, jour natal de
« sainte Reine, vierge et martyre, qui donna d'abord
« son nom à un monastère, puis à la ville qui y a été
« bâtie. »

Martyrologium insignis Ecclesiæ antissiodorensis (Xe siècle), manuscrit de la Bibliothèque impériale, publié par dom Martene, volume VI, p. 721 : « VI des
« ides de septembre : *In Galliis, territorio Æduorum,*
« *nuncupato loco Alesia, quæ olim fortissima civitas*
« *fuerat, sed a Julio Cæsare destructa natale sive passio*
« *sacratissimæ Reginæ virginis.* » — Citation empruntée à *la Constitution*, journal de l'Yonne, 20 janvier 1859, page 3, article *Alesia*.

Les auteurs du *Gallia christiana*, tome IV, page 455, disent aussi qu'on honore à Flavigny les reliques de la bienheureuse Reine, célèbre par une fontaine du bourg d'Alise, qui guérit journellement de différentes maladies.

Pierre *De Natalibus* commença en 1369 à écrire sa *Vie des Saints*, qu'il finit en 1372 ; j'y lis ce qui suit : « La
« vierge Reine souffrit dans la ville d'Alise, sous le
« préfet Olybrius. Elle était fille d'un certain Clément,
« païen d'Alise, et n'avait qu'une quinze d'années lors-
« qu'elle embrassa le christianisme en secret et à l'insu
« de son père, reçut le baptême et consacra à Dieu sa
« virginité. » *Regina virgo pœna est apud Alisiam civitatem sub Olibrio præfecto quæ fuit filia Clementis cujusdam gentilis de Alisia civitate. Et quum esset annorum XV, ignorante patre batenter decentum credidit,*

et baptismum suscepit, atque virginitatem suam Domino consecravit.

On dira peut-être que les auteurs que je viens de citer ne sont pas contemporains : c'est vrai ; mais ces auteurs, si respectables par leur piété, leur caractère et leur science, ont consulté la tradition et écrit sur des documents qui leur étaient antérieurs, comme l'affirme Adon pour son compte personnel; et dom Viole, *Vie de sainte Reine,* pages 34 et 36, dit nettement que les combats et les victoires de notre sainte furent écrits aussitôt après sa mort par les notaires de l'Eglise. L'histoire atteste que le pape saint Clément, qui subit le martyre en l'an 100, sous l'empire de Trajan, en avait établi sept à Rome, afin d'y recueillir et conserver les actes des martyrs, et l'on peut croire que ce qu'il fit pour Rome il eut soin d'en recommander la pratique dans le reste de l'Eglise. D'ailleurs, on doit savoir que l'Eglise, toujours attentive à mettre un frein au zèle indiscret, ne permit jamais à la multitude des fidèles de donner à son gré des objets à la vénération publique, et qu'alors la confession la plus éclatante et la mort la plus glorieuse ne suffisaient pas plus qu'aujourd'hui pour consacrer authentiquement la mémoire d'un athlète de la foi chrétienne. On attendait effectivement qu'il eût été proclamé par la voix des premiers pasteurs, auxquels il appartenait de brûler le premier encens sur son cercueil; et c'était de leur main que son nom devait être inscrit dans les fastes ecclésiastiques. Or, les pontifes romains ayant approuvé le culte de sainte Reine d'Alise, comme il conste par le martyrologe que j'ai cité plus haut, qui osera arguer de faux les assertions de dom Viole?

Je pourrais encore invoquer les témoignages d'un Vincent de Beauvais mort en 1264, d'un saint Antonin mort en 1459, d'un Mombritus qui existait encore en 1479, d'un Génébrard, et de mille autres; mais si l'autorité de l'Eglise ainsi que celle de tant d'hommes illustres ne suffisaient pas pour dissiper les doutes qui

ont pu s'élever dans certains esprits, j'ajouterais encore à cette liste imposante le nom d'Adrien Baillet, que les Bollandistes appellent un critique *outré*, et ils verraient que ce savant agéographe, qui ne fut assurément rien moins que crédule, finit lui-même, après avoir bien tâtonné, par admettre l'existence et le martyre d'une sainte Reine à Alise. En voici les paroles : « L'histoire
« que l'on a faite de sainte Reine, dit-il, est d'un carac-
« tère assez approchant de celui que porte celle que
« l'on a faite de sainte Marguerite. Toutes les deux
« sont nées de pères idolâtres, privées de leurs mères
« dès leur naissance, confiées à des nourrices chré-
« tiennes, persécutées par leurs propres pères dès l'en-
« fance, réduites à conduire et paître des bestiaux à la
« campagne. Toutes deux, enfin, sont rencontrées par
« des Olybrius qui se trouvent épris de leur beauté, et
« qui, après être devenus leurs amants sans succès, se
« rendent leurs juges pour en faire des martyres. Mais,
« quoiqu'on puisse nous convaincre sans peine que toute
« l'histoire de sainte Reine n'est qu'une pieuse fiction,
« on n'aura point sans doute la même facilité à nous
« persuader qu'elle n'aurait été qu'un fantôme de sain-
« teté dans l'Église. On peut écouter sur cela les fidèles
« du diocèse d'Autun, qui ne croient pas pouvoir en
« produire de meilleures preuves que les os et les cen-
« dres de la sainte même, dont ils se disent les dépo-
« sitaires. Il n'est pas incroyable qu'une sainte de ce
« nom, qui aura voulu défendre sa foi contre les ido-
« lâtres au IIIe siècle, du temps d'Aurélien ou de quel-
« que autre empereur païen, ou son honneur et sa
« virginité au Ve siècle, contre des Vandales, des Suèves,
« des Alains ou d'autres barbares qui ravageaient alors
« les Gaules et qui y firent un grand nombre de mar-
« tyrs ; il n'est pas incroyable, dis-je, que cette sainte
« vierge ayant répandu son sang en une telle occasion,
« ait laissé sa dépouille mortelle à ses citoyens, qui en
« auront pris occasion d'en consacrer la mémoire. »

Je ne sais si la sainte Reine d'Alise fut jamais réduite à garder les bestiaux à la campagne : cela ne me paraît guère présumable, surtout s'il est vrai que son père ait été un des personnages les plus considérables d'Alise, comme le prétendent ceux qui lui attribuent la construction du château de Grignon. Mais puisque Adrien Baillet se décide pour l'existence d'une sainte Reine martyrisée à Alise dans un temps ou dans un autre, qu'avait-il besoin, ce brave homme, de dépenser tant d'érudition pour en arriver là? Il me semble, puisque, d'une part, il ne pouvait démontrer que ce qu'on dit de la première était faux, ni, de l'autre, établir par de bonnes preuves l'existence et le martyre de la seconde; il me semble, dis-je, qu'au lieu de tant se creuser le cerveau, il aurait bien mieux fait de se ranger tout bonnement à la croyance commune. Mais quand on veut faire de l'originalité et se croire plus savant que tout le monde, faut-il s'étonner si, avec de l'esprit, du génie, on met à gauche?

Longueval, *Histoire de l'Eglise gallicane*, s'exprime à peu près de même que Baillet. Ecoutons-le : « Le culte
« de sainte Reine, vierge et martyre au diocèse d'Autun.
« Il s'est formé autour de son tombeau une bourgade
« qui porte son nom ; mais ses reliques ont été dans la
« suite transférées au monastère de Flavigny, qui en est
« proche. Elle est honorée le septième de septembre. La
« singulière dévotion du peuple envers cette sainte est
« la meilleure preuve que nous puissions avoir de l'éclat
« de son mérite et de son pouvoir auprès de Dieu, car
« pour son histoire, assez semblable à celle de sainte
« Marguerite, on a lieu de craindre qu'en y voulant
« mettre trop de merveilleux on y ait presque mis du
« fabuleux. » Les partisans du système allégorique en concluront-ils la non existence de la sainte d'Alise, et nieront-ils pour cela la réalité de son martyre ou la véracité de son histoire. Je ne le pense pas, car si cela était permis, il faudrait à l'instant déchirer presque toutes les

pages de l'histoire ancienne, puisqu'il n'est guère de personnages dont elle ne raconte, soit par flatterie, soit par mépris, quelques traits fabuleux.

Mais ne serait-il pas possible que les auteurs dont nous avons invoqué le témoignage se soient entendus pour nous tromper? C'est là, dit Euler, lettre cxv, une objection que nous avons raison de mépriser, car nous sommes effectivement aussi bien convaincus de l'existence et du martyre de sainte Reine que nous le sommes de la vie et de la mort de tant d'autres dont personne ne doute.

L'empereur Dèce régnait alors sur le monde. Ennemi juré des chrétiens, il lança contre eux un édit de persécution qui fut publié dans tout l'empire, et comme toutes les provinces étaient remplies de chrétiens, qui s'étaient prodigieusement accrus depuis le règne d'Alexandre Sévère, il répandit une consternation universelle.

Olybrius, à qui ce prince sanguinaire avait confié le gouvernement des Gaules, ne perdit point de temps. Jaloux de conserver l'estime et la faveur de son maître, il se mit aussitôt en route pour visiter les provinces. L'histoire ne nous dit pas en quel lieu il se trouvait lorsque certaines affaires l'appelèrent à Marseille. Alise se trouvait sur sa route; Olybrius s'y arrêta et vit Reine pour la première fois. La vit-il chez quelque habitant d'Alise, ou lorsqu'elle conduisait à la campagne les bestiaux de sa nourrice, comme le disent quelques-uns, c'est ce que j'ignore; mais ce que je sais, c'est qu'Olybrius la trouva si belle, qu'il se la fit amener. Avait-il réellement conçu la pensée de l'épouser, ou ne voulait-il qu'en abuser? Libre à vous, cher colonel, de croire ce que bon vous en semblera. Mais Reine n'était pas seulement chrétienne, elle avait encore voué à Dieu sa virginité, et l'héroïne chrétienne ne craignit pas de s'en déclarer au préfet. Comme elle était très jeune, n'étant encore que dans sa quinzième année, Olybrius pensa qu'il pourrait facilement l'amener à renoncer au christianisme. Les moyens de persuasion n'ayant pas réussi, il la fit conduire en prison, avec ordre de l'y garder jusqu'à ce qu'il fût de retour de Marseille. Or, pendant le temps qu'Olybrius mit à faire le voyage de Marseille, Clément et sa famille firent tout ce qui dépendit d'eux pour la faire renoncer à Jésus-Christ; mais ni les larmes du père, ni les représentations de la famille ne purent ébranler sa constance. Les affaires qui avaient appelé Olybrius à Marseille terminées, il reprit aussitôt la route d'Alise, où, après avoir offert quelques sacrifices à ses dieux, il envoya chercher Reine et lui proposa d'en faire autant. Cette sainte fille s'y étant refusée, il la fit étendre aussitôt sur un chevalet et battre avec des verges; puis déchirer si cruellement avec des peignes de fer, que ni lui, ni ceux qui étaient présents ne purent s'empêcher de se boucher les yeux pour ne point voir couler son sang. Reine étant sortie victorieuse de ce cruel et affreux supplice, Olybrius la fit reconduire dans la prison d'où elle avait été tirée. Elle y fut à peine rentrée qu'elle aperçut une croix qui avait l'éclat de l'or et touchait de la terre au ciel, au sommet de laquelle était une colombe toute céleste qui s'élança vers elle, la refit et la reconforta. Deux jours après, Reine fut retirée de cette prison, et après qu'on lui eut fait endurer divers tourments, on la suspendit et on la brûla avec des feuilles de métal rougies au feu; puis on lui lia les pieds et les mains, et on la plongea dans une cuve d'eau froide, afin d'ajouter à ses souffrances par la variété des supplices. Alors un tremblement de terre se fit sentir, ses chaînes se rompirent, et une nouvelle colombe s'en vint poser sur sa tête une couronne de pierres précieuses, et une voix partie d'en haut l'appela aux jouissances du ciel. A la vue de ce miracle, huit cent cinquante personnes se convertirent. Le préfet, alors transporté de rage, lui fit trancher la tête, et tous ceux qui étaient présents virent son âme portée au ciel par les anges. Ansart ajoute que les chrétiens recueillirent son corps et l'enterrèrent avec la chaîne qui avait servi à son supplice, au lieu même où elle souffrit le martyre, le 7 des ides de septembre. Tel est, cher colonel, à peu près mot pour mot, le récit de Pierre *De Natalibus*. Peut-être vous paraîtra-t-il encore, malgré sa concision, beaucoup trop chargé. Mais si vous voulez vous donner la peine de lire Crevier, à l'article *Dèce*, vous verrez que les tortures que l'histoire dit avoir été endurées par sainte Reine d'Alise sont parfaitement en rapport avec celles qu'on fit souffrir aux chrétiens pendant cette cruelle persécution. Son caractère propre, dit en effet cet historien, fut de tendre à forcer les chrétiens, par la longueur des tourments, à abjurer leur religion. On se donnait bien de garde de les envoyer tout d'un coup à la mort. On les tenait longtemps enfermés dans les prisons, où ils étaient rudement traités, et on les appliquait à la question à diverses reprises, pour lasser leur patience et pour triompher, par des épreuves cruelles et réitérées, de la constance de ceux que l'on croyait déterminés à accepter la mort avec joie.

Valérien succéda à Dèce et poursuivit les chrétiens comme lui. Aurélien marcha sur leurs traces; mais Dioclétien enchérit encore sur eux, car, poussé par Galère, qui lui inspira sa haine pour le christianisme, il donna ses ordres, et commanda aux gouverneurs des provinces de condamner, chacun dans leur département, tous ceux qui professaient la religion chrétienne, fit démolir les églises et brûler leurs livres. On vendit comme esclaves les moindres d'entre eux, et les plus distingués furent exposés à des ignominies publiques. Cette persécution, qui fut la dernière avant Constantin, commença l'an 303 de Jésus-Christ. Le nombre des martyrs fut si grand, que les ennemis du christianisme crurent lui avoir donné le coup de la mort, et s'en vantèrent dans une inscription qui portait « qu'ils avaient aboli le nom et la supers-« tition des chrétiens, et rétabli l'ancien culte des dieux. » On conçoit que par suite de tant et de si cruelles persé--cutions, il ne dut rester que fort peu de chrétiens à Alise.

Cependant il ne laissa pas que de s'y conserver quelques souvenirs de sainte Reine. Mais en quel lieu avait-on déposé ses restes? Ansart dit qu'on le sut par une révélation divine si authentique, qu'on en célébrait chaque année l'anniversaire tant à Alise qu'à Flavigny. M. Guillier dit même que cet anniversaire se célébrait non seulement à Alise et à Flavigny, mais encore dans toutes les paroisses dont les églises étaient sous son vocable; mais il me semble que ces deux auteurs confondent la fête de l'invention qu'on fit de ses reliques au IVe siècle, avec celle de la translation qui en fut faite d'Alise à Flavigny dans le courant de 864, dont je parlerai plus bas. Car puisque Laurent de La Barre, déjà cité, après avoir rapporté la solennité de son martyre, dit qu'il s'en faisait encore une autre le jour de l'octave de Saint-Jean, 1er juillet, il est évident que cette dernière fut effacée par celle dont parlent Ansart et Guillier, puisque celle-ci, après s'être célébrée le 22 de mars, fut remise au 13 de juillet, pour plus de commodité, et rendue effectivement obligatoire pour tout l'Auxois. Mais que les habitants d'Alise aient retrouvé les reliques de leur patronne par suite d'une révélation, ou non, toujours est-il qu'ils les transportèrent alors dans leur bourg à cette époque, et qu'après les avoir renfermées dans un cercueil de pierre, ils érigèrent en même temps sur son tombeau une église qui, dès l'an 430, avait pour pasteur un personnage connu sous le nom de Senator. Courtépée, *Description d'Alise*, dit même que saint Germain, évêque d'Auxerre, y vint honorer le corps de la sainte en 431. Mais Constance, prêtre de l'église de Lyon, qui a écrit la vie de ce saint prélat, ne le disant pas, je ne sais à quelle source ce dernier s'est renseigné. Il est bien vrai qu'en passant à Alise, saint Germain coucha chez ce curé, et qu'après y avoir passé une partie de la nuit en prière et en récitant des psaumes, il en repartit le lendemain (*reddito die*) pour se rendre au lieu où il allait; mais le texte de Constance ne faisant pas mention s'il alla prier au tombeau de la sainte, comment l'affirmer? La chose est possible, je dirai même, si on le veut, qu'elle est très probable; mais enfin, Constance ne l'ayant pas marqué, je ne saurais l'affirmer.

L'église que les premiers chrétiens avaient bâtie sur le tombeau de sainte Reine fut changée plus tard en un monastère où les Cordeliers vinrent s'établir en 1640. La révolution de 1793 a mis fin à cette maison, qui a été vendue et démolie, sauf une partie de l'église que la paroisse a rachetée et qu'elle vient de faire restaurer. Quant à la fontaine, ce *loup-garou*, disons mieux, ce cauchemar du philosophisme moderne, il paraît qu'elle continue encore d'être vénérée, même en plein XIXe siècle, car il conste qu'à l'heure qu'il est une foule de personnes emportent encore journellement de ses eaux.

On ne se rappelle pas, il est vrai, aujourd'hui à Alise, positivement l'endroit où furent trouvées les reliques de sainte Reine; mais on sait qu'il existait hors d'Alise une chapelle dédiée sous son nom. Un M. Clerget, prêtre originaire de Grignon, ayant rétabli cette chapelle en 1448, cette restauration raviva la dévotion des peuples, et l'on construisit bientôt au bas et à l'entour plusieurs maisons auxquelles on donna le nom de Sainte-Reine, qui finit par l'emporter sur celui d'Alise. On pense que ce fut en cet endroit que les restes de la sainte furent déposés lors de son martyre. Mais de ce qu'après quatorze cents ans on ne se rappelle plus précisément l'endroit où ses restes furent déposés après qu'elle eut reçu le coup de la mort, osera-t-on pour cela nier son existence et son martyre? Non, sans doute, car il est dans l'histoire des faits non moins importants dont on ne laisse pas que d'être certain, quoique cependant on ait perdu le souvenir des lieux où ils se sont passés. Je n'en citerai qu'un, pour ne point abuser de votre patience: c'est la fameuse bataille qui eut lieu entre les quatre fils de Louis-le-Débonnaire, Charles-le-Chauve et Louis-le-Germanique d'un côté, et Lothaire, empereur, avec

Pépin, fils de son père, du même nom. Elle a eu lieu, c'est sûr, tout le monde en convient ; mais en quel lieu s'est-elle donnée? C'est ici la pomme de discorde. Ainsi en est-il du martyre de sainte Reine : l'histoire l'atteste; mais en quel endroit déposa-t-on son corps après sa mort? C'est ici la difficulté ; mais peu m'importe le lieu où l'on déposa ses restes : du moment où il est constant qu'elle a existé et que son martyre est réel, je n'en demande pas davantage. Mais à quoi bon fouiller dans l'histoire, lorsque vos articles sur Alise prouvent eux-mêmes la vérité que je viens d'énoncer? A mon avis, comme à celui de beaucoup d'autres, vous avez mille fois raison, et pourtant voilà qu'un Franc-Comtois, en dépit de la raison et de l'histoire, ose dire que vous avez tort. A cela, cher colonel, que ferons-nous? Rire, et voilà tout. C'est effectivement ce qu'il y a de mieux à faire.

Cependant un fait résulte de cette audace de M. Delacroix : c'est qu'un jour on invoquera son autorité pour soutenir qu'il n'est pas sûr que l'Alesia détruite par César était en Bourgogne.

Alise, aujourd'hui Sainte-Reine, n'est plus qu'un village illustré par la sainte qui lui a donné son nom. C'était autrefois une place forte où s'est décidée la destinée des Gaules : « *Nunc seges ubi Troja fuit.* » Héric dit que de son temps, c'est-à-dire au IXe siècle, il ne restait déjà plus que les traces de ce vieux castrum : « *Nunc restant veteris tantum vestigia castri.* » Ce bourg, situé dans le département de la Côte-d'Or, sur le chemin de fer de Paris à Lyon, près de la station des Laumes, sur le mont Auxois, est placé entre deux petites rivières qui vont l'une et l'autre se jeter un peu plus bas dans la Brenne. La paroisse de Sainte-Reine ne faisait pas seulement autrefois partie du diocèse d'Autun, elle faisait encore partie du domaine de l'évêque, qui, à ce titre, y faisait exercer la justice par ses officiers, nommait et pourvoyait à sa cure, dont l'église est dédiée sous le vocable de saint Léger. L'hôpital, encore existant, fut fondé en 1659 par Jean Desnoyers, ancien cuisinier du maréchal de la Meilleraye, et Pierre Blondel, habile cordonnier de Paris. Ces deux hommes, aussi pieux que charitables, s'étant aperçus qu'une foule de pèlerins, obligés de coucher à la belle étoile, faute de logement, tombaient souvent malades et périssaient faute de secours, conçurent la pensée de consacrer au service de ces infortunés leur fortune et leur vie. Saint Vincent de Paul, qui ne reculait devant aucun sacrifice quand il s'agissait de procurer soulagement à l'infortune, approuva leur dessein, et bientôt les fondements d'un hospice furent jetés. Cet établissement, que Louis XIV gratifia lui-même de dix minots de sel à prendre chaque année sur le grenier à sel de Montbard, fut dédié à sainte Reine et servi par des filles de la charité. Il devint chaque jour plus riche et plus commode, et de notre temps il n'a pas moins de cinquante mille livres de rente. Une fontaine y amène ses belles eaux pour le double service de la maison et des bains, au moyen d'un canal qui a environ trois mille mètres de longueur. Ces eaux, fraîches et limpides, ont été, par leur qualité, reconnues favorables dans les maladies cutanées, par Doucet, dès l'année 1778. La chapelle est de construction moderne; on y remarque une collection de tableaux qui rappellent les circonstances de la vie, du martyre et de la mort de sainte Reine.

Les reliques de sainte Reine sont restées à Alise jusqu'au 22 mars 864, où elles furent transférées dans l'abbaye de Flavigny par l'abbé Egile, comme en lieu de sûreté, afin d'empêcher qu'elles ne fussent profanées par les Normands, peuples septentrionaux, qui avaient déjà paru sur les frontières de la France et jeté la terreur dans les provinces.

La tempête révolutionnaire qui éclata parmi nous sur la fin du siècle dernier et couvrit de ruines le sol français, ayant ordonné la suppression des ordres religieux, le monastère et l'église qui en dépendait furent vendus au profit de l'Etat. La maison, aujourd'hui occupée par les Dominicains, qui y ont établi un noviciat, subsiste encore en grande partie; mais l'église, qui en dépendait, a été démolie. Quant aux reliques de sainte Reine, elles ont depuis été déposées dans l'église paroissiale, où de nombreux pèlerins viennent encore les révérer chaque année.

La translation des reliques de sainte Reine par Egile avait donné lieu à une procession annuelle et commémorative qui s'est à peu près continuée jusqu'à la révolution de 1793. Cette procession, magnifique manifestation de la foi de nos pères, qui avait Flavigny pour point de départ, passait le long du mont Auxois pour gagner le bourg d'Alise, d'où elle revenait en filant par-dessous le mont Druau.

Les habitants d'Alise en font même une encore chaque année, le dimanche qui suit la Nativité de la sainte Vierge, à laquelle une foule d'étrangers ne manquent jamais de prendre part. Il paraît même qu'on y en fit une, dans le courant de 1835, qui rappela quelque peu celles des temps anciens, et cette année même on n'y a pas compté moins de huit à dix mille âmes.

La ville de Flavigny n'est pas restée en arrière d'Alise, car au lieu d'une, il s'y en fait même deux tous les ans, auxquelles toutes les reliques sont portées sur des brancards très bien décorés, par de jeunes filles vêtues de blanc, la tête couverte d'un grand voile qui leur descend jusqu'aux reins.

La fête de sainte Reine était autrefois célébrée dans tout l'Auxois. Les vieux martyrologes latins de Semur, de Moutiers-Saint-Jean et de Flavigny sont conformes aux leçons du bréviaire. Voici la traduction du passage où ils fixent l'époque de cette fête :

« Le VII des ides de septembre, dans la Gaule, dans
« un lieu des Eduens appelé Alesia, cité autrefois très
« forte, mais détruite par Jules César, est la nativité de
« madame très sainte Reine, vierge et martyre, dont le

« très sacré corps fut apporté d'Alise à Flavigny l'an de
« l'Incarnation DCCCLXIV. » (*Etude sur une campagne
de Jules César,* par M. Rossignol.)

J'avoue, cher colonel, que ces fêtes établies en l'honneur de sainte Reine, s'il faut en croire M. Tridon, avaient déjà longtemps avant vous été prônées par nos beaux esprits comme une prolongation du concours des peuples gaulois, qui, selon eux, s'assemblaient jadis sur les lieux mêmes de leur défaite pour y pleurer leur liberté perdue. Mais M. Tridon, à qui vous empruntez cette belle trouvaille, y répondait ainsi dès 1854, dans le livret même d'où vous l'avez tirée : « C'est tout simple ! com-
« ment, depuis quinze siècles, n'a-t-on pas deviné l'é-
« nygme ! La bonhomie du vieux temps, la superstition
« du moyen âge expliquent tout cela ! Certes, il faut
« faire une rare abnégation de sens commun ou avoir
« une foi robuste à la crédulité de ses lecteurs, pour es-
« pérer donner crédit à une opinion aussi *saugrenue.* »
Cette réponse de M. Tridon aurait dû, ce semble, un peu faire pâlir votre enthousiasme, ou du moins vous dessiller les yeux ; loin de là ! cette découverte n'a fait, au contraire, que vous émerveiller au point qu'il s'en est peu fallu, j'en suis sûr, que vous ne vous soyez mis à courir par les champs, en criant comme ce philosophe à demi-nu : « Oui, c'est bien cela ! » Oui, franchement, ce pèlerinage est éminemment national ! O Vercingétorix, comme votre âme a dû se réjouir quand, du fond des enfers, elle a vu, après un laps de plus de deux mille ans, une main toute gauloise, la main d'un fils de Mars et de Bellone, tracer sur le papier ces mots sublimes ! Pour nous, cher colonel, qui ne sommes pas sûr si le sang qui coule dans nos veines est d'origine gauloise ou bourguignonne, nous nous contenterons de dire, avec les catholiques, « que ce pèlerinage est éminemment chrétien. » Mais peut-être que les habitants de l'Algérie feront aussi un jour eux-mêmes le pèlerinage d'Alger pour y pleurer à leur tour cette liberté et cette indépendance que nous leur avons ravie.

Les actes édités par M. Tridon sont vrais quant au fond, cela ne fait pas de doute; mais manquant d'authenticité, je les regarde, pour mon compte, comme une pièce qui n'a d'autre valeur que celle d'une amplification. S'ensuit-il que ceux qui l'ont rédigée aient eu la pensée, en l'écrivant, de faire une allégorie du sort de la Gaule sous les Romains? C'est là, cher colonel, une de ces avances qu'il est d'autant plus permis de nier, jusqu'à preuve du contraire, qu'on n'aperçoit rien dans le texte qui puisse le faire soupçonner.

Alise et Flavigny ne sont pas les seuls endroits où l'on vénère la mémoire de sainte Reine. Saint-Eustache de Paris; Pontchâteau, en Bretagne, diocèse de Nantes; Jonchy et Jailly, au diocèse d'Autun; l'Isle-au-Mont, diocèse de Troyes, et mille autres lui ont aussi élevé des sanctuaires. Baillet dit même qu'outre la chapelle de Saint-Eustache, où l'on voyait anciennement une image remarquable de cette sainte qu'un marchand avait apportée d'Angleterre, où sa mémoire était en grande vénération avant le schisme de Henri VIII, il y avait encore dans l'église Saint-Paul, outre une autre église dont elle était particulièrement titulaire, une confrérie à laquelle les papes avaient accordé des indulgences. Une note que j'ai lue dans le martyrologe d'Auxerre, de M. de Caylus, atteste qu'il y avait aussi à Aqui-Niolum (Augy sans doute), à six milles de la ville, une chapelle dédiée sous son nom.

Le tombeau de sainte Reine d'Alise était même anciennement en telle vénération, qu'on venait s'y disculper par serments des crime dont on était accusé. Je n'en citerai qu'un exemple : c'est celui de Semnon, curé de Saint-Euphrône, qui, en 826, fit citer devant le prévôt ou juge de paix un habitant d'Alise qui refusait de lui payer deux muids de vin qu'il lui devait. Cet homme ayant nié la dette, le prévôt le condamna à lever la main devant le tombeau de la sainte; il le fit, mais ce ne fut pas impunément, car ce malheureux n'eut pas plutôt invoqué la sainte en la priant de le frapper d'aveuglement s'il était vrai qu'il dût ce que Semnon lui réclamait, que sur-le-champ il perdit la vue.

Ce genre d'épreuve n'est plus dans nos mœurs, et jamais l'Eglise ne l'a approuvé; mais elle a été plus d'une fois forcée de le tolérer, parce qu'il était souvent ordonné par les lois; et le savant Grotius, tout protestant qu'il était, n'a pas craint de dire, dans son *Traité de la vérité de la Religion*, que l'on ne saurait nier qu'il n'ait parfois réussi; il ajoute même que ce sont là des faits qui méritent notre attention, loin qu'il faille les rejeter.

On peut déjà placer sans crainte au nombre des miracles opérés au tombeau de sainte Reine d'Alise l'aveuglement dont fut frappé cet homme qui refusait de payer à Semnon les deux muids de vin dont j'ai parlé il n'y a qu'un instant; mais il n'est pas le seul, car Ansart en rapporte encore quelques autres que je ne ferai qu'énumérer. Le premier s'est opéré en faveur d'un jeune Milanais qui, ayant passé la nuit dans la chapelle de la sainte, se trouva délivré le matin d'une fièvre maligne.

Le second s'est opéré en faveur d'un bourgeois de Reims qui, étant étique, se fit transporter à Alise et obtint sa guérison par l'attouchement du premier cercueil de bois de la sainte.

Le troisième s'est opéré en faveur de Claude de la Madeleine, fils de François de la Madeleine, premier marquis de Ragny. La santé de ce prélat étant désespérée des médecins, il se fit conduire en 1620 aux pieds de sainte Reine, en exécution d'un vœu qu'il avait fait, et s'en retourna parfaitement guéri. Il revint même encore quelques années plus tard au tombeau de la sainte pour y remercier Dieu d'une nouvelle guérison qu'il avait obtenue par son intercession. Dom Viole, qui rapporte ces deux faits, les tenait de la bouche de ce prélat même.

Le quatrième s'est opéré en faveur d'un prêtre de la paroisse Notre-Dame de Dijon, qui était perclus des deux jambes depuis quinze ans. C'est en 1601 que le fait que je vous rapporte s'est passé; le voici : Les Ursulines étant allées en procession à Dijon avec une châsse contenant des reliques de sainte Reine, elles s'arrêtèrent à Fontaine, afin d'entrer le lendemain dans la ville en meilleur ordre. Tout le clergé, Messieurs du Parlement et de la Chambre des comptes, le maire et les échevins, quatre cents jeunes filles vêtues de blanc, et un grand concours de peuple vinrent au devant d'elles. Ce prêtre se mit en chemin par dévotion pour les saintes reliques ; à leur aspect il demeura comme en extase, ses deux béquilles tombèrent, et il marcha comme s'il n'avait jamais été écloppé. On cria au miracle, et le procès-verbal de cette guérison fut écrit sur les registres de la Maison de ville.

Le cinquième s'est opéré le 1ᵉʳ juillet 1633, en faveur de Pierre Courtet, marchand mercier d'Anvers, qui obtint à son tombeau guérison d'un ulcère qui lui avait rongé toute la chair et une partie des nerfs, depuis le genou de la jambe droite jusqu'à la plante du pied.

Le sixième s'est opéré en faveur d'une sœur Perdresal, qui avait perdu l'usage des jambes et des bras à la suite de la petite vérole, sans espérance de guérison. Ses père et mère ayant prié leur curé, M. Rose, de faire à son intention une neuvaine à sainte Reine, il le fit, et la malade fut guérie.

Le septième fut opéré en faveur d'un nommé Raille, fils d'un marchand papetier de Plombières, paralysé des deux jambes, qui se fit amener à l'abbaye de Flavigny, fit sa prière à sainte Reine, et se sentit à l'instant radicalement guéri.

Voilà, je vous l'avoue, cher colonel, de quoi faire frissonner ou rire de pitié nos philosophes; pour nous, qui ne nous piquons pas de tant de force d'esprit qu'eux, nous aimons à voir dans ces faits qui les étonnent une manifestation de la toute-puissance de Dieu, qui se plaît à glorifier ainsi ses saints en récompensant la foi de ceux qui les invoquent.

Mais, allez-vous me dire, on ne voit pas qu'aucuns des miracles que vous venez d'énumérer aient été produits par l'eau de la fontaine miraculeuse de sainte Reine. Colonel, en voici la raison : c'est qu'aucun de ceux en faveur de qui ces miracles se sont opérés n'y a eu recours; mais puisque les savants auteurs du *Gallia christiana,* dont j'ai cité plus haut les paroles, affirment que ces eaux opèrent journellement la guérison de différentes maladies, il faut croire que le maître de la vie a plus d'une fois ainsi récompensé la foi de ceux qui y ont eu recours. Les actes que vous avez empruntés à M. Tridon relatent deux guérisons de ce genre que je ne me permettrai cependant pas d'affirmer, par la raison qu'elles ne me paraîment pas suffisamment prouvées. Mais s'il arrivait qu'un pieux et fervent chrétien, après avoir prié au tombeau de sainte Reine, s'en allât ensuite, animé de cet esprit de foi capable de transporter les montagnes, boire immédiatement de l'eau de cette fontaine, et qu'à l'instant il y trouvât pleine et parfaite guérison, je vous avouerai franchement, cher colonel, que je verrais là un vrai miracle, et je suis persuadé que, tout militaire que vous êtes, vous y verriez la même chose que moi. Quelle que soit effectivement l'efficacité des eaux d'une source, il est certain que ceux qui y recourent n'y trouvent pas une guérison semblable, et que souvent même, après bien des douches, beaucoup s'en reviennent sinon plus malades, du moins sans y avoir trouvé de soulagement à leurs maux; mais, je le répète, je ne saurais dire s'il en fut ainsi des faits consignés dans la pièce qui a servi de base à vos raisonnements.

La vierge d'Alise portait, dites-vous, un nom païen : je le pense comme vous; seulement vous auriez bien fait de nous le faire connaître. Pour moi, je m'imagine que

son père lui avait donné celui de Clémentine, et ne sais comment vous vous y prendriez pour me démentir ; mais qu'elle ait jamais reçu du peuple celui de Reine, je le nie sans détour, à moins que par ce mot de peuple vous ne vouliez parler de ceux qui la présentèrent au baptême, car dans ce cas j'aurais hâte de me réunir à vous. Il est vrai que vous cherchez à insinuer que ce nom de Reine lui fut donné par le peuple d'Alise, en invoquant l'autorité de Diodore de Sicile, qui aurait dit, livre IV, page 226, « qu'Alise, suivant les récits tradi-
« tionnels, fut construite grande et magnifique, et qu'elle
« devint le foyer et la ville mère de la Gaule. » Vous ajoutez même « qu'Hercule l'habita, et que, par ses
« mariages avec des filles de rois, il la dota d'une géné-
« ration forte et puissante, et que, dans l'opinion de
« ses habitants, Alise était la reine de la Gaule. » Tout cela est charmant, mais ne prouve pas que la sainte d'Alise ait reçu pour cela du peuple son nom de Reine. La question de savoir si Alise fut prise par César le septième jour de septembre ne prouvant pas davantage, je vous laisserai discuter ce point tout à votre aise.

En terminant cette longue réponse, permettez-moi, Monsieur et cher colonel, de vous dire que je suis toujours, avec le plus profond respect, votre très humble et très dévoué serviteur.

BREUILLARD,
Prêtre.

Nous, Evêque de Dijon,

Sur le rapport qui nous a été fait au sujet d'un travail de M. l'abbé Breuillard, intitulé *Réponse à un Colonel*, et ayant pour but de prouver que *sainte Reine d'Alise, son martyre, son histoire ne fut jamais une allégorie du sort de la Gaule sous les Romains*, nous approuvons ce travail comme étant une œuvre consciencieuse et revêtue des caractères d'un vrai savoir et d'une saine critique.

Dijon, le 6 novembre 1860.

† FRANÇOIS, Evêque de Dijon.

Dijon, imp. J.-E. Rabutòt, place Saint-Jean, 1 et 3.

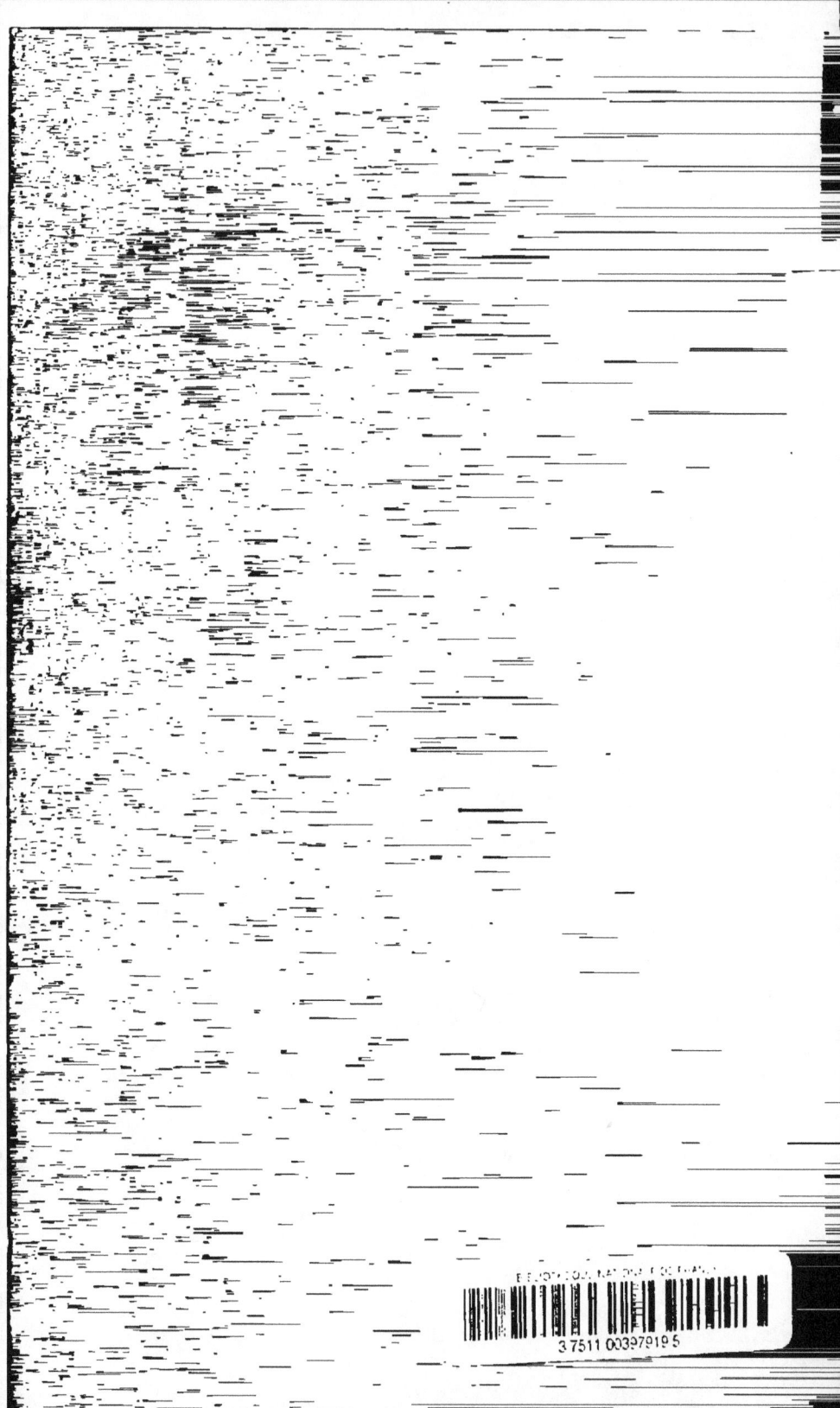

www.ingramcontent.com/pod-product-compliance
Lightning Source LLC
Chambersburg PA
CBHW060608050426
42451CB00011B/2136